Michael Pies

Schriftenreihe Kleiner Katholischer Glaubenskompass zur Rückbesinnung auf die von Christus und dem Heiligen Geist geoffenbarte Katholische Lehre

Heft 3

DIE HEILIGE BEICHTE

Michael Pies

Schriftenreihe **Kleiner Katholischer Glaubenskompass** zur Rückbesinnung auf die von Christus und dem Heiligen Geist geoffenbarte Katholische Lehre

Heft 3

DIE HEILIGE BEICHTE

Patrimonium-Verlag 2024

IMPRESSUM

1. Auflage 2024

In der Verlagsgruppe Mainz

Printed in Germany

Erschienen in der Edition »PATRIMONIUM THEOLOGICUM«

Patrimonium-Verlag
Verlagsgruppe Mainz
Süsterfeldstraße 83
52072 Aachen
www.patrimonium-verlag.de

Gestaltung, Druck und Vertrieb
Druck & Verlagshaus Mainz
Süsterfeldstraße 83
52072 Aachen
www.verlag-mainz.de

Abbildungsnachweis (Umschlag)
https://pixabay.com/de/photos/beichtstuhl-kirche-möbelstück-1399097/

Abbildungsnachweis (Innen)
Abbildung 1: https://www.pinterest.de/pin/392798398754260738/ – Abbildung 2: https://www.pinterest.at/pin/844213892655092765/ – Abbildung 3: https://upload.wikimedia.org/wikipedia/commons/b/bb/%22Cross%22_%283%29.jpg

ISBN-10: 3-86417-207-1
ISBN-13: 978-3-86417-207-6

Inhaltsverzeichnis

Seit Jahren macht sich innerhalb der Katholischen Kirche ein fortschreitender Zerfallsprozess bemerkbar, der an den Grundlagen der von Christus offenbarten Heiligen Katholischen Lehre rüttelt.

Alles wird in Frage gestellt, an den biblischen Wahrheiten wird gezweifelt, der Heilige Geist wird ignoriert und dem Zeitgeist Tor und Tür geöffnet. Dadurch entsteht eine andere, neue Katholische Kirche, die sich dem modernen offenen Menschen anbietet und ihm dadurch gefallen will, die aber mit der ursprünglichen Lehre nicht mehr viel zu tun hat. Es scheint sich dabei eher um eine andere protestantische Kirche zu handeln, die sich von den Dogmen und christlichen Wahrheiten entfernt hat.

Aus diesem Hintergrund heraus habe ich begonnen, diese Schriftenreihe zu entwickeln und in einfacher verständlicher Form die Grundwahrheiten unseres Glaubens den Gläubigen und sonstigen Interessierten noch einmal darzustellen, denn an der vor 2000 Jahren geoffenbarten Wahrheit unseres Herrn und Erlösers ändert sich nichts.

Der eingetretene Zersetzungsprozess kann nur mit der Rückkehr zur Wahrheit gestoppt werden.

Und das ist eine der dringlichsten Aufgaben in der Kirchenkrise unserer Zeit.

Vorwort

Einer der heiligsten und heroischsten Beichtväter in der Geschichte der Kirche, der heilige Johannes Maria Vianney (der heilige Pfarrer von Ars), den man auch einen »Märtyrer des Beichtstuhls« nannte, sagte einmal: »Wir können die Güte Gottes uns gegenüber nicht begreifen, als Er dieses große Sakrament der Buße eingesetzt hat. Hätten wir unseren Herrn um einen Gefallen bitten müssen, hätten wir niemals daran gedacht, Ihn darum zu bitten. Aber Er sah unsere Gebrechlichkeit und unsere Unbeständigkeit im guten Tun voraus, und Seine Liebe veranlasste Ihn, das zu tun, was wir nicht zu verlangen gewagt hätten.«

Sehr ergreifend beschreibt der heilige Pfarrer von Ars die geistliche Wirklichkeit eines reuevollen Sündenbekenntnisses in der Beichte: »Wenn du deine Sünden bekennst, ziehst du die Nägel aus dem Leib Jesu heraus«. Aus der Frühzeit der Kirche kennen wir die Aussage, dass die heilige Beichte die Rettungsplanke ist, die Gott dem in Schiffbruch geratenen Sünder anbietet (vgl. Tertullian, *De Paenit.* 4, 2). Rührend ist auch diese Aussage des heiligen Pfarrers von Ars über die Verzeihung Gottes im Bussakrament: «Gott vergibt schneller als eine Mutter ihr Kind aus dem Feuer holt«.

Der heilige Pater Pio von Pietrelcina, ein außergewöhnliches Beispiel eines heroischen Beichtvaters des 20. Jahrhunderts, hatte seine Beichtkinder immer wieder zu einer tiefen Reue aus Liebe zu Gott aufgerufen: »Mein Sohn, du denkst auch, dass die Sünde die Übertretung eines Gesetzes ist. Nein, mein Sohn. Sünde ist der Verrat an der Liebe. Was hat der Herr für mich getan und was tue ich für Ihn?« Der heilige Pater Pio kannte das enorme Übel der Sünde und sagte oft, dass er »der größte Sünder der Welt« sei, und er ging oft, manchmal jeden Tag, selbst zur heiligen Beichte. In den letzten Monaten seines Lebens nahm er das Sakrament der Buße in Anspruch, bevor er die heilige Messe feierte.

Die große Krankheit und Sünde unserer Zeit besteht darin, dass man keinen Sinn mehr hat für das, was Sünde ist, dass man die Sünde als solche leugnet oder was noch schlimmer ist, dass man die Sünde rechtfertigt. Papst Pius XII. sagte in diesem Sinn: »Die vielleicht größte Sünde der heutigen Welt ist, dass die Menschen begonnen haben, den Sinn für Sünde zu verlieren« (Radiobotschaft an die Teilnehmer des Nationalen Katechetischen Kongresses der Vereinigten Staaten, 26. Oktober 1946).

Die geistige Gesundheit eines Katholiken und einer katholischen Pfarrei ist bemessen an dem häufigen und fruchtbaren Empfang des Bussakraments. Je häufiger in einer katholischen Pfarrkirche das Lichtlein des Beichtstuhls leuchtet, desto lebendiger ist das christliche Leben jener Gemeinde. Das Licht am Beichtstuhl ist eine notwendige Entsprechung zum Ewigen Licht am Tabernakel. Das Sakrament der Eucharistie in der heiligen Kommunion und das Sakrament der Beichte sind innig aufeinander bezogen. Je mehr wir die Größe, Heiligkeit und unermessliche Liebe des Herrn in der heiligen Kommunion gläubig erkennen, desto mehr wird unsere Seele danach verlangen, Ihn mit einem gereinigten Herzen zu empfangen. Die Sehnsucht nach der heiligen Kommunion muss deshalb immer mit der Sehnsucht nach der heiligen Beichte verbunden sein.

Das Bussakrament ist die grosse Hoffnung für unsere Welt, für die Kirche unserer Zeit und für jeden Katholiken. In einer römischen Busskatechese aus dem Anfang des 2. Jahrhunderts, dem »Hirten des Hermas« heisst es: »Es gibt die Hoffnung auf Buße, aufgrund derer es möglich ist, zu leben« (Sim. 6, 2). Die heilige Kirche hat zu allen Zeiten, ihre Kinder zur Buße ermahnt und ihnen den Schatz der Göttlichen Vergebung im Bussakrament angeboten. Diese Stimme der Kirche gleicht sozusagen der Stimme eines Engels der Buße, wie er im »Hirten des Hermas« beschrieben ist: »Gott hat der Engel der Buße für uns gesendet, uns, die wir gegen Ihn gesündigt haben, und der unseren Geist erneuert hat; und als wir bereits vernichtet waren und keine Hoffnung mehr auf Leben hatten, stellte er uns zu neuem Leben wieder her« (Sim. 9, 14).

Die vorliegende Broschüre von Herrn Michael Pies ist eine geeignete Hilfe, um den Wert, die Größe und die Notwendigkeit des Sakramentes der Busse wieder zu entdecken. Möge es weite Verbreitung finden und den Sündern, die wir ja allen sind, helfen, das göttliche Leben der Gnade durch das Bussakrament wieder zu erlangen oder wenn wir im Stande der Gnade sind, in ihm noch mehr gestärkt zu werden. Das folgende Gebet, das der Priester über das losgesprochene Beichtkind spricht, möge uns Ermutigung und Hoffnung geben: »Das Leiden unseres Herrn Jesus Christus, die Verdienste der seligen Jungfrau Maria und aller Heiligen, und was du immer Gutes getan oder Übles erduldet hast, gereiche dir zum Nachlass der Sünden, zur Vermehrung der Gnade und zum Lohn des ewigen Lebens«.

25. März 2022

† Athanasius Schneider,

Weihbischof der Erzdiözese der Allerseligsten Jungfrau Maria in Astana

Ursprung und biblischer Hintergrund der heiligen Beichte

Es gehört leider zu den Zeichen der Zeit und der fortschreitenden Kirchen- und Glaubenskrise, dass die persönliche Beichte der Gläubigen bei einem katholischen Priester immer mehr aus der Praxis des Kirchenlebens verschwunden ist. Dies ist ein großer und verhängnisvoller Verlust für die gesamte katholische Kirche, aber auch für den einzelnen Menschen hinsichtlich seiner persönlichen Gewissensbildung und seinem Sündenbewusstsein. Wenn man aber ein überzeugter katholischer Christ sein will, dann darf das eigene Gewissen niemals außer Acht gelassen werden, und da ist es sehr hilfreich, wenn ich die Zehn Gebote Gottes aus dem Alten Testament mir als Gewissensgrundlage vor Augen halte. Und diese Gewissensbildung mit der möglichen Sündenerkenntnis sollte dann auch zur Heiligen Beichte bei einem katholischen Priester führen.

Christus hat dieses einzigartige Sakrament selbst eingesetzt, als er seinen Aposteln die Sündenvergebungsgewalt direkt mit diesen Worten übertrug: »Empfanget den Heiligen Geist! Wem ihr die Sünden nachlasset, dem sind sie nachgelassen. Wem ihr sie behaltet, dem sind sie behalten!« (Joh 20,22ff.) Dieses ist die göttliche Vollmacht der Sündenvergebung an seine Jünger und Apostel und bis zum heutigen Tage an seine diesen nachgefolgten katholischen Priester. Er wollte es so und sie setzen sein Werk der Sündenvergebung fort, sie vergeben dem Menschen die Sünde in seiner direkten Nachfolge.

Oder denken wir an die Worte des Herrn an die Pharisäer und die Ehebrecherin: »Wer von Euch ohne Sünde ist, werfe als Erster einen Stein auf sie … Auch ich verurteile dich nicht. Gehe und sündige von jetzt an nicht mehr!« (Joh 8 ff.)

Die Ehebrecherin und Erbarmenswerte steht vor der Barmherzigkeit des Herrn, nachdem er sie der Selbstgerechtigkeit der Pharisäer entzogen hat. Sie ist wie vom Donner gerührt und sie bereut zutiefst, da sie hier als kleiner sündiger Mensch vor der allmächtigen und allumfassenden Liebe Gottes steht. Jesus sagt ihr die Vergebung direkt zu. Er setzt stillschweigend voraus, dass diese Frau aus eigenem Herzensantrieb von diesem Tag an, ein anderes, ein neues Leben beginnen wird. Zuerst die Zusage der Vergebung, dann die Weisung zur Umkehr und der Kehrtwende zu einem neuen Leben. Hier ist sie, die Liebe Gottes zum armen Sünder; diese Frau erfährt die Vergebung ihrer Sünde und die Befreiung von ihrer Schuld. Jesus schenkt ihr sein Herz aus Liebe und gleichzeitig einen Neubeginn zu einem neuen Leben. Denn gerade die verlorenen Seelen brauchen Jesu Verständnis, seine Güte und sein Erbarmen. Für diese Sünderin wird ab diesem Moment nichts mehr so sein, wie vorher. Sie wird diesen Moment in ihrem Leben niemals mehr vergessen und darauf verlässt sich unser Herr und Erlöser.

Diese Geschichte der Ehebrecherin gehört ohne Zweifel zu den Höhepunkten des Neuen Testaments. Hier wird das Sakrament der Heiligen Beichte und der Sündenvergebung vollzogen und zeigt klar und eindeutig, wie wertvoll die Beichte und die direkte Vergebung durch unseren Herrn und Erlöser ist. Bei jeder heiligen Beichte sollten wir alle an diesen Fall der Sünderin denken und wie sie von Jesus Christus aus der Sünde hochgezogen und durch seine Liebe befreit und quasi in einen neuen Menschen umgewandelt wird. Jesus handelt bei der Beichte selbst durch den gesalbten und geweihten Priester. Wenn dieser katholische Priester in seiner Vollmacht dem reuigen Sünder in der heiligen Beichte die Lossprechung von seinen Sünden erteilt, »Ego te absolvo«, dann lässt auch der allmächtige Gott im Himmel die Sünden nach. Der Apostel Johannes schreibt: »Wenn wir sagen, dass wir keine Sünden haben, führen wir uns selbst in die Irre, und die Wahrheit ist nicht in uns. Wenn wir unsere

Sünden bekennen, ist er treu und gerecht; er vergibt uns die Sünde. (1Joh 1,8) Und weiter: »Wenn das Herz uns auch verurteilt – Gott ist größer als unser Herz.« (1Joh 3,20)

Die eigene Sünde und Schuldhaftigkeit anerkennen, sich selbst als Sünder zu bekennen, das ist der bewusste Anfang der persönlichen Rückkehr zu Gott. Jesus lässt auch den verlorenen Sohn aus der tiefsten Reue seines Herzens zu seinem Vater sprechen: »Vater, ich habe mich gegen den Himmel und gegen Dich versündigt.« (Lk 15,18–21)

Versöhnung mit dem liebenden Schöpfergott setzt aber voraus, sich klar und eindeutig von der Sünde zu trennen und dafür Buße zu tun, indem man von Herzen seine Sünde bereut. Dies ist die biblisch fundierte Geste des verlorenen Sohnes, der zum Vater zurückkehrt und von seinem Vater mit einem Friedenskuss empfangen wird. Dazu gehört vom Sohn aus Redlichkeit und Mut, eine Geste in der man sich über die eigene Sünde hinaus dem verzeihenden Erbarmen des Vaters anvertraut und sich wieder in die Liebe seines Herzens zurückbegibt. Voll Freude über seinen heimgekehrten Sohn spricht der Vater das so erlösende Wort der Verzeihung.

Angst ist hier völlig fehl am Platze. »Wären eure Sünden auch rot wie Scharlach, sie sollen weiß werden wie Schnee.« (Jes 1,19). Für Gott ist keine Sünde zu groß, weil auch seine Liebe grenzenlos ist. Seine Liebe übersteigt alles. Er umarmt jeden, der zu ihm kommt und bereut, so wie der Vater im Gleichnis vom verlorenen Sohn verzeiht, ohne einen Vorwurf auszusprechen. Denn Gott will uns von Herzen gern verzeihen, wir müssen ihn nur ehrlich von Herzen darum bitten.

Was ist eigentlich eine Sünde?

Wir können mit Glaube, Hoffnung und Liebe davon ausgehen, dass der uns liebende Schöpfer aller Dinge für jeden Einzelnen von uns einen Lebensplan vorgesehen hat. Einen Lebensplan, der es uns Menschen als göttliches Abbild ermöglicht, uns auch durch göttliche Inspiration und damit durch unser eigenes Gewissen spüren zu lassen, welche unserer Handlungen und Wirkungsweisen in unserem begrenzten menschlichen Leben seinem göttlichen Willen entspricht. Wir spüren, was gut für uns ist, wir spüren aber auch durch ein schlechtes Gewissen, was nicht so gut ist. Und wenn wir uns trotzdem mit unseren eigenen Handlungen gegen seinen göttlichen Willen entscheiden und Gottes Gesetze übertreten, begehen wir eine Sünde, die im Gegensatz zum göttlichen Licht einen dunklen Schatten wirft. Wenn eigene menschliche Interessen und böse Neigungen die Handlungen eines Menschen mehr bestimmen als die Eingebungen des Heiligen Geistes, dann behindert dieser Mensch die Liebe Gottes, weist sie zurück und begeht eine Sünde. Ein bewusster Verstoß gegen Gottes Gesetze und seine auf Ewigkeit geltenden Zehn Gebote, die sich niemals geändert haben und die sich auch trotz aller Versuche der modernen weltoffenen Kirche und ihrem Synodalen Weg niemals ändern werden. Jeder Verstoß gegen die Zehn Gebote ist eine Sünde, die getilgt werden muss, um das schöpferische Gleichgewicht wiederherzustellen, um aus der Unordnung wieder eine göttliche Ordnung zu schaffen. Der Mensch kennt diese Gebote Gottes in seinem Innersten, doch missratene irdische und menschliche Gesetze, die sich an die Stelle von Gottes Gesetzen platziert haben, haben damit den Weg zur Sünde freigemacht und mit falschem Freiheits- und Toleranzdenken die Sünde legalisiert. Der Mensch hat sich von seinem Schöpfer unabhängig erklärt und sich seine eigenen Normen und Gesetze geschaffen. Die Sünde ist plötzlich gar nicht mehr existent, weil es keine göttlichen Grenzen mehr gibt.

Somit lädt sich jeder Mensch eine nicht zu kleine Sündenschuld auf, und entfernt sich damit immer mehr von der unendlichen Liebe seines Schöpfers. Eine Sünde kann ohne Sündenbekenntnis und ohne das Bußsakrament nicht ausgelöscht und getilgt werden. Es verbleibt im Gewissen und belastet den Menschen, weil es keine Selbsterlösung gibt. Die Sünde, der Fehltritt, der Makel bleibt solange unauslöschlich, bis der Gang zum Priester in den Beichtstuhl erfolgt. Das heißt, durch die Sünde, die der Mensch selbst begangen hat, verschuldet er auch die Trennung von Gott. Die Sünde weist die Gnade Gottes zurück und verstößt damit gegen die Liebe

Gottes und gegen den Nächsten. Je mehr die Sünde den Menschen beherrscht, und er die Sünde nicht bekennt, entzieht sie ihm auch die Macht der Entscheidungsfähigkeit zwischen Gut und Böse. Wie die Ursünde von Adam und Eva ist jede menschliche Sünde auch Ungehorsam und Auflehnung gegen den göttlichen Willen und die Liebe Gottes. Und Sünden haben die negative Tendenz, weitere neue Sünden nach sich zu ziehen in einer Sündenkette. Von der Vorsehung und dem Schöpfungsplan her, ist mit Ausnahme der Gottesmutter Maria, kein Mensch frei von Sünde. Die Sünde ist Bestandteil der menschlichen Natur und gehört einfach dazu. Das darf man niemals vergessen.

»Wenn wir sagen, dass wir keine Sünde haben, führen wir uns selbst in die Irre und die Wahrheit ist nicht in uns.« (1Joh 1,8)

Paulus schreibt im Römerbrief, dass die Gebote Gottes im Gesetz die Sünde und die Sünden erkennbar machen. Daran können wir uns halten. Und je mehr wir die Liebe Gottes zu uns mit Liebe zu ihm erwidern, umso mehr wird uns bewusst werden, wann und wie wir ihn gekränkt und verletzt haben. Die Sünde wird uns quasi vor Augen gestellt und bohrt in uns. Die Heilige Schrift enthüllt uns die Sünde, die tief im Herzen des Menschen wohnt. Sehr häufig finden wir sowohl im Alten als auch im Neuen Testament die Beschreibung der Sünde als ein

Nichthören auf das Wort, oder als Bundesbruch und damit als Verschlossenheit im Herzen gegenüber der Liebe Gottes. Die Heilige Schrift zeigt uns, dass die Sünde des Menschen im Wesentlichen Ungehorsam und »Nicht hören« ist. Es ist wichtig, dass wir sündigen Menschen erkennen, dass die Wurzel allen Übels im Nichthören auf Gottes Wort und Liebe liegt. Aber wir müssen auch erkennen, dass wir nur durch Gottes Sohn in der Lage sind, die angebotene Vergebung anzunehmen und uns die Tür zum Heil wieder öffnen zu lassen.

Dem göttlichen Sohne müssen wir die Sünden bekennen, um durch ihn wieder mit dem Vater versöhnt zu werden.

Sündenerkenntnis, Sündenbekenntnis, Reue

Wenn das Bewusstsein über die Sünde gegenüber Gott erwacht ist, dann muss man sich selbst und Gott gegenüber bekennen, im Rahmen einer Gewissenserforschung, welche Sünden man gegenüber Gott und den Mitmenschen begangen hat. Es ist nun an der Zeit, Verantwortung für diese Fehler zu übernehmen. Mit der Hilfe des Heiligen Geistes und im Gebet müssen wir uns jetzt besinnen. Wie und wo haben wir gefehlt gegen den Willen Gottes? Die Zehn Gebote können da als Maßstab sehr hilfreich sein und man kann sich daran anlehnen. Aber in der heutigen so freien und so modernen Zeit sind nicht immer alle Sünden als Sünden zu erkennen, weil vor lauter Toleranz und Freiheit jedes Einzelnen alle Grenzen überschritten werden und der pluralistische und atheistische Staat ja alles erlaubt.

Die Keuschheit ist keine Tugend mehr; Betrug und Diebstahl scheinen erlaubt zu sein. Im Namen des Fortschritts gibt es keine moralischen Grenzen mehr, der Mensch ist unabhängig von Gott und muss sich nur vor sich selbst verantworten. Selbst die vor dem Schöpfer allen Lebens abscheulichste Tat, die

Abtreibung eines ungeborenen Kindes, wird mittlerweile in so vielen Ländern gefördert und darf nicht mehr verurteilt werden. Doch dieser Verstoß gegen das Gebot »Du sollst nicht töten« ist und bleibt eine Todsünde. Wenn man sich gegen Homosexualität äußert, gilt man als homophob. Trotzdem steht in der Bibel klar und deutlich, wie sehr die Homosexualität Gott ein Gräuel ist. Überall, auch innerhalb der Katholischen Kirche, wird vehement die Zulassung wiederverheirateter Geschiedener zur Heiligen Kommunion gefordert, obwohl das Sakrament der Ehe weiterhin heilig ist und die Scheidung und die Aufnahme einer neuen Beziehung Ehebruch und Verletzung des göttlichen Sakraments bedeutet. So viele Sünden sind mittlerweile gesellschaftlich und kirchlich akzeptiert und den Menschen muss wieder eindringlich ins Gewissen geredet werden, dass dies trotzdem Sünden gegenüber Gott und der Schöpfung sind. Es bleiben trotz aller Neuerungen des Zeitgeistes Sünden und müssen bekannt und bereut werden.

Wenn die Sünde durch den Modernismus und Zeitgeist irgendwie das sittliche Empfinden und Sündenbewusstsein abgetötet hat, ist der Mensch von sich aus nicht mehr in der Lage, seine Fehler und Schwächen zu erkennen und ist sich des Ausmaßes seiner Missetaten gar nicht mehr bewusst. Wenn wir uns nun nicht gänzlich dem Einfluss des Heiligen Geistes unterwerfen und beugen, bleiben wir blind und haben das Gefühl für unsere eigenen Fehler und Schwächen verloren. Können die persönlichen Lebensumstände und die neue freie Welt die Sünde einfach negieren?

Als Adam und Eva von der verbotenen Frucht gegessen hatten, wurden ihre Herzen mit Scham und Schrecken erfüllt und ihr erster Gedanke war, wie sie ihre Sünde entschuldigen und dem nun drohenden Unheil und Gottesurteil entrinnen konnten. Als Gott sie nun zur Verantwortung zog, versuchte Adam seine Schuld auf die Frau und Eva ihre Schuld auf die Schlange abzuwälzen. Damit verbunden ist natürlich auch die Grundfrage an den Schöpfer, warum er die Schlange und damit die Möglichkeit des Bösen überhaupt erschaffen hat? Eine Frage, die an die Grundfesten unseres Glaubens rüttelt. Alle menschliche Selbstgerechtigkeit stammt aus dem Sündenfall der Ureltern und alle Menschen aller Zeiten bis heute versuchen sich damit zu rechtfertigen. Nur die wahre Busse und Selbsterkenntnis lehrt den Menschen seine eigene Schuld zu erkennen und Verantwortung dafür zu übernehmen.

Wie der arme Zöllner, der sich nicht traute, seine Augen zum Himmel zu erheben, müssen wir ohne Wenn und Aber laut ausrufen »Gott! Sei mir armem Sünder gnädig!« Alle, die so ihre Sünden bekennen, und sich Gott in ihrer Kleinheit zu Füßen werfen, werden durch diese Reue und eigene Demütigung die ersehnte Vergebung erlangen. Ein demütiges und zerbrochenes Herz, von echter Buße und Reue erfüllt, weiß die unfassbare Liebe und den unermesslichen Wert des Kreuzesopfers unseres Herrn auf Golgatha zu schätzen.

Ohne eine tiefgehende Reue ist das Sakrament der Beichte sinnlos. Ohne Reue wird keine Sündenvergebung erfolgen können.

Ein Beispiel, wie echtes Bedauern über die eigene Sünde aussehen kann, finden wir im Alten Testament im Gebet Davids nach seinem Fehltritt. Seine Reue kam aus tiefstem und aufrichtigem Herzen. Er versuchte erst gar nicht, seine Schuld zu beschönigen, denn er war sich der Ungeheuerlichkeit seiner Gesetzesübertretung bewusst. Er sah klar und deutlich, wie beschmutzt seine Seele war, und aus tiefstem Herzen verabscheute er seine sündige Tat und zeigte seine aufrichtige Reue. »Ich weiß, ich habe Unrecht getan. Meine Fehler stehen mir immer vor Augen! «

Eine solche Reue kann kein Mensch aus eigener Kraft hervorbringen. Nur Gott kann aus Liebe zum Sünder diese Reue hervorrufen unter der Voraussetzung, dass auch die Liebe des Sünders zu Gott aus tiefstem Herzen kommt. Denn wer das erste Gebot befolgt und Gott aus ganzem Herzen liebt, will ihn nicht verletzen und bereut jeden seiner Fehler aus Liebe. Nur ein zerbrochenes und aus Liebe reumütiges Herz weiß, dass es einen Erlöser braucht. Ohne den Geist Christi, der unser Gewissen wachrüttelt, können wir genauso wenig echte Reue empfinden, wie wir ohne Christus Vergebung empfangen können. Jeder positive Impuls hat seinen Ursprung in Christus. Jedes Verlangen nach Wahrheit und Reinheit, sowie die Erkenntnis der eigenen Sündhaftigkeit hat seinen Ursprung in Jesus Christus. Christus ist der Einzige, der unsere Herzen mit Abscheu vor der Sünde erfüllt. Jedes Verlangen nach Wahrheit und Reinheit sowie die Erkenntnis unserer eigenen Sündhaftigkeit sind der Beweis, dass der Heilige Geist bereits in uns wirkt.

Jesus sagt: »Ich aber werde von der Erde erhöht werden und dann werde ich alle zu mir ziehen.« (Joh 12,32) Zuerst muss uns Sündern Christus als der Erlöser offenbart werden, als derjenige der für die Sünden der Welt gestorben ist. Wenn wir den Sohn des lebendigen Gottes, das Lamm Gottes, vor unserem inneren Auge dort so elend am Kreuz hängen sehen, beginnt sich das Mysterium der Erlösung ganz langsam in unserem Herzen zu entfalten, und diese Gnade Gottes führt uns auch zur aufrichtigen Reue. Christus ist für uns Sünder gestorben und offenbart damit eine über alle Grenzen hinausgehende tiefe Liebe für den sündhaften Menschen. Wenn wir über diese unfassbare Liebe des Erlösers zu uns nachdenken, wird eine tiefe Reue und ein tiefer Schmerz über uns selbst die Folge davon sein.

Ein einziger Lichtstrahl der Herrlichkeit Gottes, nur ein einziger Schimmer der göttlichen Reinheit Christi, der unsere Seele durchdringt, macht auf schmerzliche Weise jeden kleinsten Fleck der Verunreinigung sichtbar und legt die Fehlentwicklungen und Mängel unseres schwachen menschlichen Charakters bloß. Christus möchte uns so gerne von unserer Sünde befreien, er wartet im Beichtstuhl auf uns durch den ihn stellvertretenden katholischen Priester. Er ist jederzeit bereit, uns von unserer Sündenschuld zu befreien.

Der Vollzug der Heiligen Beichte

Nach der Gewissenserforschung, dem erlangten Sündenbewusstsein und der damit einhergehenden Reue erfolgt der Gang in den Beichtstuhl, und wir bekennen unsere Sündenschuld dem katholischen Priester, der als Stellvertreter Christi dort auf uns wartet. Wir befreien unsere Seele und unser Gewissen dort von allem Makel und allen Unzulänglichkeiten. Hier offenbart sich eines der sieben heiligen Sakramente, die uns der Herr geschenkt hat. Er hat damit quasi sieben große Kanäle der Gnade für uns geöffnet, die aus seinem Erlösungsopfer herausgeflossen sind. Der Speer des Soldaten in der Seite von Jesu Körper hat die Quelle von Blut und Wasser für unsere Erlösung geöffnet. Durch das Sakrament der Taufe wird die Erbschuld von Adam und Eva getilgt und Jesus Christus öffnet uns damit die Tür zu unserer Erlösung. Die Beichte ist damit eigentlich die zweite Taufe und damit der sakramentale Vollzug der weiteren Umkehr, Buße und Bekehrung. Christus wirft uns den Rettungsanker zu, um uns vom Schiffbruch der Sünde zu befreien. Christus hat dieses so wertvolle Sakrament eingesetzt, als er seinen Aposteln die Vollmacht für die Sündenvergebung erteilte. »Empfangt den Heiligen Geist. Wem ihr die Sünden nachlasset, dem sind sie nachgelassen. Wem ihr sie behaltet, dem sind sie behalten! (Joh 20,22f.)

Nun bekennen wir unsere Sünden und übernehmen damit auch Verantwortung dafür. Wir öffnen uns neu zu Gott und seiner Heiligen Katholischen Kirche. Wir sind zur Umkehr bereit und wollen neu und von Sünden befreit unseren Weg mit unserem liebenden Schöpfer gehen. In seiner unendlichen Barmherzigkeit streckt uns Gott seine Hand entgegen, verzeiht uns und richtet uns wieder auf. »Gott will nicht den Tod des Sünders, sondern dass er sich bekehre und lebe.« (Ez 33,11) Die Taufe ist das erste und bedeutsamste Sakrament der Sündenvergebung; sie hat uns mit dem gestorbenen und auferstandenen Christus wieder vereint. Aber das ist nicht ausreichend, denn welcher Mensch ist schon in der Lage, sein ganzes Leben sich den Versuchungen der Sünde schadlos zu widersetzen? Es ist also notwendig, durch das Bußsakrament den Getauften mit Gott und der Kirche immer wieder zu versöhnen.

Der Prophet Jesaja versprach schon im Alten Testament dem Volke Gottes Verzeihung und Erbarmen: »Sind auch eure Sünden rot wie Scharlach, sie sollen doch weiß werden wie Schnee.« (s.o., Jes 1,18) Die Apostel und die katholischen Priester als ihre Nachfolger leisten hiermit den so wertvollen Dienst der Versöhnung, indem sie die Vollmacht nutzen, um den

Sündern ihre Sündenschuld komplett zu vergeben und sie damit wieder »weiß wie Schnee« vor Gottes Angesicht treten können. Was für ein unglaublicher, allen menschlichen Verstand übersteigender Akt der Gnade. Der Heilige Geist kehrt wieder bei uns ein und schenkt uns die Heiligmachende Gnade zurück. Die Seele des bekehrten Sünders wird wieder schön und rein vor Gott. Das weiße Kleid, was der kleine Mensch bei der Taufe empfangen hat, wurde durch die Sünden immer mehr beschmutzt. Durch das Beichtsakrament wird es wieder reingewaschen und die Schmutzflecken entfernt. Die Buße und Beichte bringt uns wieder himmelwärts. Wir kehren wieder in den Zustand der Gnade zurück und sind wieder Erben des himmlischen Vaters.

Durch diese Beichte und die Bekehrung bekommt der Neubekehrte auch die Kraft des Heiligen Geistes, um in Zukunft die Sünde besser zu bekämpfen. Die Beichte dient also nicht nur dem Nachlaß der begangenen Sünden, sondern auch als Vorsorgeschutz gegen neue Sünden. Da wir durch unsere intensive Gewissenserforschung uns der Sünden bewusst geworden sind, wird es uns in Zukunft leichter fallen, gerade diese Sünden zu vermeiden und zu umgehen. Die bekehrten Sünder sind in der Lage, die Fallen Satans zu erkennen und nicht darauf hereinzufallen.

Wir erlangen durch die vollzogene Beichte ein reines Gewissen und eine innere Seelenruhe. Das Sakrament der Beichte ist wie eine Medizin, die uns Balsam des Trostes in unsere Seele einträufelt. Die erlangte Seelenruhe wirkt sich oft auch positiv auf die körperliche Gesundheit aus. Deshalb ist auch die Krankensalbung mit der Heiligen Beichte verbunden und hat schon vielen Menschen Besserung der körperlichen Beschwerden gebracht.

Als der verlorene Sohn nach Hause kam, ließ der glückliche Vater ein Kalb schlachten und Musik spielen. Es wurde zu einem Freudenfest (Lk 15). So freut sich Gott heute immer noch über jeden Sünder, der sich bekehrt. Je öfter ein Haus gereinigt wird, umso sauberer wird es sein. Je öfter wir beichten, umso größer wird die Entfernung zum Bösen. Wir distanzieren uns immer mehr von der Dunkelheit der Sünde.

Je nach Art und Zahl der Sünden hat der Beichtvater nach erfolgter Absolution bzw. Freisprechung von der Sündenschuld heilsame und angemessene Bußen aufzuerlegen. Der Beichtende ist verpflichtet, diese nach der Beichte dann auch umzusetzen. Erst dann ist die Beichte wirksam vollzogen. Als Genugtuung bezeichnet man die Wiedergutmachung der Verletzung, die unsere Sünden Gott zugefügt haben. Auch nach dem Empfang der Absolution sind wir verpflichtet, Gott in irgendeiner

Form Genugtuung zu leisten. Der Priester legt die Buße auf, die der Versöhnung mit Gott dient, wie z.B. ein Gebet oder eine gute Tat dem Nächsten gegenüber, die der Schuld angemessen sein sollte. Sollte man sich in wirklich schwerer Schuld befinden, kann man ohne das Sakrament der Buße kein anderes Sakrament empfangen. Die würde Gottes Heiligkeit verletzen. Eine persönliche und schwere Schuld kann nur in der Einzelbeichte bei einem geweihten katholischen Priester vergeben werden, weil nur in diesem geschützten Raum der Stille ein persönliches Sündenbekenntnis und eine persönliche Sündenvergebung möglich ist.

Diese Beichte öffnet den Weg zum Himmel und einem heiligmäßigen Leben neu und sollte so oft wie möglich genutzt und vollzogen werden, gerade im Hinblick auf den regelmäßigen Empfang der Heiligen Eucharistie.

Beichte und Eucharistie

Die Sünde existiert mehr als je zuvor in dieser dunkel gewordenen Welt und nur das Sakrament der Buße und Beichte hilft, die Sünde zu bekämpfen und die Sündenvergebung durch Christus zu erlangen. Auch die vielen gutgemeinten Bußgottesdienste mit anschließender gemeinsamer Sündenvergebung können keineswegs die Einzelbeichte ersetzen und führen in die falsche Richtung, ähnlich wie der synodale Irrweg der deutschen Bischöfe.

Das Sündenbewusstsein ist abhandengekommen, auf die Heilige Beichte wird verzichtet und so häuft sich die Sündenschuld bei jedem Einzelnen immer mehr an und damit ist eigentlich der Empfang anderer Sakramente wie z.B. der Heiligen Kommunion nicht mehr möglich. Der Empfang der hochheiligen Eucharistie und damit von Christus selbst ist grundsätzlich nur den Gläubigen gestattet, die regelmäßig zur Beichte gehen und damit frei von schwerer Schuld den Leib Christi empfangen können. Das hochheilige Sakrament der Kommunion bzw. Eucharistie und damit unser Herr und Erlöser selbst soll vor Sünde und Frevel geschützt werden.

Das Wort Kommunion bedeutet Vereinigung. Das Brot und der Wein dienen einem Menschen als leibliche

Nahrung, und unser Herr und Heiland Jesus Christus kommt zu uns herab und gibt sich selbst hin, unter den Gestalten von Brot und Wein. Er schenkt uns konkret seinen Leib und sein Blut als wunderbare Speise für unsere Seele, also als Speise für die Ewigkeit. Wenn man sich diesen Sachverhalt und diese wunderbare göttliche Gabe immer wieder bewusst macht, dann ist es nicht mehr so kompliziert, sich vorzustellen, in welcher Form dieser Empfang der göttlichen Speise stattzufinden hat. Der Mensch tritt seinem Ursprung, seinem göttlichen Schöpfer gegenüber und viel mehr als das, er bekommt die Gnade, seinen Schöpfer in sich aufzunehmen und sich mit seinem göttlichen Ursprung zu vereinen. Was für eine unvorstellbare Gnade, was für ein himmlisches Geschenk wird da dem Menschen zuteil?

Diese hochheilige Kommunion verbindet uns aufs Innigste mit dem Gottessohn Jesus Christus.

Wenn aber nur noch knapp fünf Prozent der gläubigen Katholiken das Sakrament der Buße nutzen, aber trotzdem die meisten Gottesdienstbesucher bei der Heiligen Messe auch die Heilige Kommunion empfangen, dann passiert genau das, was der Heilige Apostel Paulus so vehement betont hat. »Denn wer unwürdig dieses Brot isst oder den Kelch des Herrn trinkt, der ist schuldig am Leib und Blut des Herrn. Denn wer unwürdig isst und trinkt, der isst und trinkt sich selbst das

Gericht, weil er den Leib des Herrn nicht unterscheidet.« (1Kor 11ff.)

Wenn uns der Herr bei der Heiligen Eucharistie persönlich und real begegnet, dann ist durch diese Art von unwürdigem Kommunionempfang die Heiligmachende Gnade der Eucharistie zumindest stark gefährdet und in Frage gestellt.

Dieses Aufeinandertreffen eines mit Sündenschuld beladenen Menschen mit seinem Heiligen Schöpfer und Gott, würde die Liebe zwischen Gott und Mensch natürlich sehr stören. Nur eine regelmäßige Nutzung des Bußsakraments und eine damit verbundene tiefe Reue gegenüber dem eigenen Versagen, berechtigt den Gläubigen zum würdigen Empfang der Heiligen Kommunion. Da hilft kein Bußgottesdienst und kein Vertrauen auf die Barmherzigkeit Gottes gegenüber allen möglichen Sünden. Das wäre ein fataler Trugschluss.

In der Heiligen Messe ist der Sohn des lebendigen Gottes unser Opfer, das Lamm Gottes, das die Sünden der Welt hinwegnimmt. Er ist der Mittler für die Vergebung unserer Sünden. Das sollte aber nicht so verstanden werden, dass jede Heilige Messe sofort die Vergebung aller Sünden bedeutet. Dafür ist das Sakrament der Heiligen Beichte da, nicht die Heilige Messe. In der Heiligen Messe erfolgt hinsichtlich der Kommunionspendung zwar eine Sündenvergebung, die sich aber nur auf die lässlichen kleinen Fehler und Schwächen bezieht, um etwas reiner und weniger schuldbeladen zum Kommunionempfang zu gehen. Die Sündenvergebung ist und bleibt der Beichte bei einem katholischen Priester vorbehalten, und das sollte man wirklich so oft wie möglich tun, um überhaupt die Gnaden einer Heiligen Messe würdig empfangen zu können.

Von daher nutzen wir dieses göttliche Geschenk der Heiligen Kommunion so oft es geht, nutzen wir das Sakrament der Beichte so oft wie möglich, und dann werden wir merken, was für ein Segen, eine Gnade und eine Kraftquelle, diese Heilige Kommunion ist. Sie wird uns durch dieses irdische Leben führen und begleiten, und den Weg in die himmlische Herrlichkeit bahnen und führt aber nur durch die regelmäßige Heilige Beichte zu den Gnadenströmen aus der Seitenwunde unseres Heilands und Erlösers.

Umkehr und Buße als Neuaufbruch der Kirche

Wir sehen, wie sich die Sakramente gegenseitig ergänzen und uns durch ihre Gnaden unterstützen wollen, auf unserem Weg zurück zur Heiligkeit Gottes. Wer in der Heiligen Beichte seine Sünden und seine Armseligkeit vor Gott bekennt, lässt sich gewissermaßen wie ein leeres Gefäß mit der Barmherzigkeit Gottes auffüllen. Diese göttliche Barmherzigkeit kann der gläubige Christ dann weitergeben und diese Liebe Gottes, wie es Christus gefordert hat, in die weite Welt hinaustragen. Vor allem in der Bergpredigt weist unser Herr und Erlöser eindringlich daraufhin: »Seid barmherzig, wie es auch Euer Vater ist!« (Lk 6,36)

Die Ausübung von Gottes Barmherzigkeit ist gleichzeitig auch die Ausübung seiner Freiheit als Herrscher über alle Menschen. Diese seine Barmherzigkeit ist keine Verpflichtung, sondern einzig und alleine Gnade. Aber das, was leider heute in der neuen modernen Kirche immer mehr propagiert wird, ist die Aussage, dass Gott ja so liebevoll und barmherzig ist, dass er mir alle meine Fehler und Schwächen verzeiht. Das ist falsch und theologischer Unfug. Ja, Gott liebt den Sünder, aber er verachtet die Sünde. Er liebt die Sünder, wenn sie sich ihrer Sünde bewusst werden, umkehren und sich von der Sünde abwenden. Das ist der Weg, den Gott mit uns geht. »Sündige nicht mehr, kehr um, tu Buße und glaube an das Evangelium und glaube an mich!«

Ja, Gott ist Liebe und Barmherzigkeit, aber er verlangt dafür, dass wir uns zu unseren Fehlern und Schwächen bekennen, und ihm diese auch mit der Bitte um Vergebung anvertrauen. Ein Schuldanerkenntnis und die Reue sind unabdingbar, damit seine göttliche Barmherzigkeit auch wirken kann.

Das Bußsakrament fehlt den Gläubigen bei ihrem Weg zum Vater, weil es ihnen von der Heiligen Katholischen Kirche nicht mehr als notwendig angeboten wird und nur noch eine untergeordnete Nebenrolle spielt. Aber das Bußsakrament fehlt auch der Kirche allgemein, nicht nur wegen des leidigen Missbrauchsskandals, weil es wesentlicher Bestandteil der von Christus offenbarten Wahrheit für seine Kirche ist und auch Gottes Barmherzigkeit seine Grenzen in seiner Gerechtigkeit hat. Wer die Sünden negiert, missbraucht die Liebe des göttlichen Vaters und missbraucht die Wahrheit der Lehre der Heiligen Katholischen Kirche. Nur eine Umkehr zum Bußsakrament als wesentlicher Bestandteil des katholischen Glaubens, kann die Kirche erneuern und wieder auf heiligem Boden neu errichten. Denn noch nie haben die Kirche und die Welt dieses Sakrament so nötig gebraucht wie heute. Wir alle können nicht ohne dieses Sakrament leben und in dieser Kirche weiter wirken. Viele Menschen versuchen ihrer Sündhaftigkeit durch immer mehr Sündhaftigkeit zu entfliehen, mit Luxus, Alkohol, Drogen, und Konsum ohne Ende. All diese Dinge mögen helfen, die Symptome zu verschleiern; aber sie werden die Krankheiten letztlich nicht heilen können. Die psychotherapeutischen Arztpraxen werden immer voller von Therapiesuchenden, die Hilfe brauchen. Die Beichtstühle sind aber leer.

Aber es sammelt sich soviel Unrat und Moder an. Das Innere des Menschen gerät ohne Beichte völlig aus den Fugen. Je länger der Mensch damit wartet, umso »verkrusteter« wird der Belag auf seiner Seele. Hier hilft wirklich nur noch ein großes »Reinemachen« unter der Anleitung eines guten und vertrauenswürdigen Beichtvaters. Denn regelmäßige Beichte bedeutet dann auch ein sich immer weiter entfernen von der Sünde und damit auch das ehrliche Bestreben, zu versuchen, die Sünde zu umgehen. Der Mensch gesundet immer mehr von Innen und wird damit heil.

Wir leben in einer Zeit voll Angst, Sorge, Pandemien und Kriegen. Noch nie war die Zukunft der Menschheit so ungewiss. Wir wissen im Moment nicht, was auf dieser Welt noch geschehen wird und was die Zukunft uns noch bringt, weil die Gegenwart schon so düster aussieht. Vertrauen wir uns der Barmherzigkeit unseres Herrn und Erlösers an und stürzen uns mit dem Sündenbekenntnis in seine Arme. Je mehr wir uns von unserem eigenen schlechten Gewissen und unserer Sündenbelastung befreien, umso mehr sind wir in der Lage, anderen Menschen zu helfen und die Wahrheit des Evangeliums zu verkünden. Durch die göttliche Ordnung seines Heilsplanes sind alle Menschen auf der von ihm erschaffenen Welt in übernatürlicher Bande als Kinder Gottes miteinander verbunden. D.h., dass jede nicht vergebene Sünde eines einzelnen Menschen nicht nur ihm, sondern auch den anderen Menschen Dunkelheit bringt und ihnen schadet. Ebenso bringt die Heiligkeit eines Menschen Licht in die Dunkelheit und nützt wiederum seinen Mitmenschen. Jede Beichte führt damit nicht nur zur Versöhnung mit Gott, sondern auch mit den Mitmenschen. Das Licht Gottes wird damit durch solche Lichtträger in der menschlichen Gemeinschaft immer stärker durchbrechen.

Jesus ruft uns alle auf, er ruft die Christen und Nichtchristen und seine Heilige Katholische Kirche auf, sich zu bekehren und ihren Glauben lebendig werden zu lassen. Diese erneute Umkehr auf seinen Weg der frohen Botschaft ist die Aufgabe der Kirche in dieser so extremen Zeit. Die Kirche wird immer mehr in die Ecke und ins Dunkle gedrängt. . Die Kirche muss wieder aus der dunklen Ecke heraus ins himmlische Licht zurück. Umkehr heißt auch Rückkehr ins Bewusstsein der Menschen, die alle Kinder Gottes sind.

DIE ZEIT IST ERFÜLLT, DAS REICH GOTTES IST NAHE. KEHRT UM UND GLAUBT AN DAS EVANGELIUM!